ARREST
DE LA COUR
DE PARLEMENT.

Portant Règlement pour la Commu-
nauté des Maîtres Boulangers de la
Ville & Fauxbourgs de Paris : Et
les Boulangers Forains.

CET ARREST a été imprimé par les soins & du temps de Messieurs

Toussaint Lapareillé,

Jean-Étienne Mosnier,

Jacques Bossu.

Pierre Toupiolle,

Jacques-Michel Guenet,

Pierre Maroteau,

Antoine-Nicolas Megret,
Doyen,

ARREST

DE LA COUR

DE PARLEMENT,

Portant Réglement pour la Communauté des Maîtres Boulangers de la Ville & Fauxbourgs de Paris: Et les Boulangers Forains.

LOUIS, PAR LA GRACE DE DIEU, ROI DE FRANCE ET DE NAVARRE, au premier Huissier de notre Cour de Parlement ou autre Huissier ou Sergent sur ce requis, sçavoir faisons qu'entre Pierre Ducastel, François Houy & autres marchands Boulangers forains pour la provision de Paris, demeurans au Fauxbourg Saint Antoine, demandeurs en requête insérée en l'arrêt de notredite Cour du vingt Septembre 1757, d'une part, & la Communauté

A

des maîtres Boulangers de Paris,
défendeurs d'autre part, & entre
Jacques Mignot, Vincent Val-
din, Charles Gaillard, François
Gubert, Nicolas Durand, Pierre-
Claude Treffet, Pierre Berton,
Antoine Ducaftel, François Pa-
ris, Charles-Pierre Pequot, Jean
Legoble, François Hedé, Ni-
colas Lacroix, Claire Deshayes,
veuve Chrétien, Henriette-Pierre
Boifreux, Jean Delamarre, Louis-
Antoine Befeau, Guillaume Du-
vermes, Honoré Pouget, Pierre-
Germain Prevoft, Jacques Def-
tor, Jean-Nicolas Deftor, Pierre
Auftry, Louis Defmareft, Jac-
ques Savart, Pierre - François
Deftor, François Dallier, Guil-
laume Dufour, Pierre - Simon
Frenot, Jean - Simon Paillard,
Pierre Mufpuy l'aîné, Michel
Oudard, la veuve Felix, Jacques
Pelé, Louis - Charles Coufin,

Léon Lafonds , Jerôme Loir ,
Jean Petit , Jacques Caboche ,
la veuve Thory , Jacques Monvoifin , Pierre Monvoifin , Jac-
ques Queufeux , Jean Deflu ,
Pierre Grancher , Nicolas Gru-
chot , Pierre Blondin , Jean
Joyeux , Noël Pelu , Claude Co-
chard , Adrien Hedé , la veuve
Bonnier , Nicolas Burard , Char-
les Voitrin , Jean Thory , Nico-
las Bontems , François Coufin ,
Pierre Chreftien , Claude Bruard,
Françoife Boubreau veuve Paris ,
le nommé   Claude
Perot, Jean Bornicard , les nom-
més Barielle Fierret , Thiphaine ,
Coifte , Mouchy , Marie , Coifte,
Felix , veuve de Jean Paris, Louis-
Pierre Trouvé , Pierre Teffian-
ne , Pierre-Antoine Martin , Ni-
colas Didier , Pierre Lemaître ,
Denis Berfon , Nicolas Michaux ,
Jacques Paris , Jean Meftaire ,

A ij

Nicolas Gobillons, Edme Boué, le nommé Rouvent, Jacques Eloy, Jeanne Pelin, veuve Chavignot, Nicolas Besson, le nommé Richard, la veuve Denis, Robert Ruisseau, Etienne - Michel Guyet, Jacques Guyet, le nommé Dubisson, Pierre Lande, Denis Boulanger, Jacques Blot, Laurent Chavignot, Antoine Gorgoy, Gervais Fontenelle, tous Boulangers forains pour la provision des Places & Marchés de Paris, & habitans du Fauxbourg saint Antoine, demandeurs en requête du 22 Septembre 1757, afin d'intervention dans la cause d'entre Pierre Ducastel & consors & la communauté des maîtres Boulangers de la ville de Paris, d'adhésion auxdits Ducastel & consors & d'opposition aux nouveaux Statuts des maîtres Boulangers, & à l'arrêt d'enregiftrement d'une part , & la Communauté des Boulangers , défendeurs d'autre part , & entre Michel Ferret, Philippe Felix, Etienne-Cefar Regnault, François Deftuvigny , Pierre Deftor & Charles-Simon Chapon , Jacques Chapon , Simon Felix , Michel Bichemont l'aîné , Michel Bichemont le jeune , Bichemont le plus jeune , la veuve Michel Bichemont , Euftache Hubert , Antoine Meunier , Louis Obry , Jean Dupuis , Pierre Tremblay , Martin Tremblay , Denis Poiffon , Denis Hubert , Charles-Auguftin Mouchy , Vincent Deftor , la veuve Martin Deftuvigny , Nicolas Delamarre , Charles Poirier , Pagnon , Michel Paris , Etienne-Michel Tournier , Jean-Baptifte Chaftelain , Charles Dupuis , Pierre Delamarre , André Mouchy , Jean Huon , la veuve Mi-

A iij

chel Lambert, la veuve d'Antoine Gouffier, la veuve Herry, la veuve Michel, tous Boulangers forains, pour la provision de Paris , demeurans au village de Gonnesse, & Jacques-Nicolas Felix , Denis , Jean Detot Ribrette, Charles Chavigneau , Sulpice de la Ribrette, Jean Destor , Nicolas-Felix & Nicolas-Georges Destuvigny, tous Boulangers forains demeurans au village de Bonneuil , & Nicolas Destuvigny, la veuve Jean Fontaine, Louis Felix, Jean-Nicolas Felix, Louis - Antoine Guyet , Jean-Noël Gardet & Charles Pereau, tous Boulangers forains, demerans au village du Tillet , & la veuve Pierre Destuvigny & Nicolas Delamarre, aussi Boulangers forains, demeurans au village de Daugny, Claude Hennequin , Boulanger forain au village de

Stain. Louis Duvet, les nommés
Lacouture , Geniffon , Veftrin-
gnan, la veuve Baron , Louis Beton, Etienne Beton , Louis Cha-
rey , Pierre - François Beton ,
Pierre Beton , Louis-Silvain Da-
vid, tous Boulangers forains , demeurans au village de Chaillot ,
& Michel Meunier pere , Meunier fils , les nommés Alles, Du-
pré , Chevreufe , Thibouft , Alix
Gonnard , Trunubre , Collet ,
Genard , Poyet , Renard , Ga-
rey , La Coupery Seroze , Pierre
Saget , Jean Saget , les nommés ,
Gaulin & Ladras, tous Boulangers forains, demeurans au Roulle , & Louis-Nicolas Dupuis , &
Pierre Beffon , Boulangers forains , demeurans au village de
Gouffainville , demandeurs en requêtes des 20 & 22 Septembre.
1757, d'une part, & les Jurés en
charge & Communauté des maî-

tres Boulangers de ladite ville de
Paris, défendeurs d'autre part, &
entre lesdits Michel Ferret & autres Boulangers forains hors Paris, ci-deffus nommés, demandeurs en trois requêtes des 12 &
21 Novembre 1757, & 10 Fé-
vrier 1758, d'une part, & les
Jurés en charge de ladite Communauté des Boulangers, & lefdits Pierre Ducaftel & autres ci-
deffus nommés, Boulangers forains du Fauxbourg S. Antoine,
défendeurs d'autre part, & entre
lesdits Pierre Ducaftel & autres
ci-deffus nommés, demandeurs
en requêtes des 12, 21 & 29 Novembre 1757, & 2 Mars 1758,
la premiere afin d'intervention
dans la caufe d'entre lesdits Michel Ferret & la Communauté
des maîtres Boulangers d'une
part, & ladite Communauté des
Boulangers, & lesdits Michel

Ferret & autres ci-deſſus nommés, défendeurs auxdites requêtes d'autre part, & entre leſdits
Jurés & Communauté des maîtres Boulangers de Paris, demandeurs en requête du 31 Janvier
1758 d'une part, & leſdits Michel Ferret & autres, & leſdits
Pierre Ducaſtel & autres ci-deſſus
nommés, défendeurs d'autre part,
& entre Michel Ferret & autres
Boulangers forains pour la provi-
ſion de Paris, demeurans à Gonneſſe, à Bonneuil, au village du
Tillet, à Dugny, à Chaillot, au
Roulle, au village de Gouſſain-
ville, Stain & autres villages ad-
jacens, demandeurs en requête
du 12 avril 1758, d'une part,
& la Communauté des Boulangers de Paris, & Pierre Ducaſtel
& autres Boulangers forains, demeurans au Fauxbourg S. Antoine, défendeurs d'autre part; &

entre lefdits Jurés en charge de
la Communauté des maîtres Boulangers de la ville & fauxbourgs
de Paris, demandeurs en requête
du 14 août 1758, d'une part, &
lefdits Michel Ferret, Pierre Ducaftel & autres Boulangers forains ci-deffus nommés, défendeurs d'autre part, & entre lefdits Pierre Ducaftel & autres Boulangers forains du fauxbourg S.
Antoine, demandeurs en requête du 22 mai 1759, d'une part,
& les Jurés en charge de la Communauté des maîtres Boulangers
de Paris, & lefdits Michel Ferret & confors, défendeurs d'autre part, & entre les Jurés en
charge de la Communauté des
maîtres Boulangers de Paris, demandeurs en requête du 12 Dé-
cembre 1759, d'une part, & lefdits Pierre Ducaftel & Michel
Ferret & autres Boulangers fo-

rains , défendeurs d'autre part.

TOUT VU ET CONSIDE'RE',
enfemble les conclufions de notre Procureur Général , NOTRE-
DITE COUR faifant droit fur le
tout , donne acte à Pierre Ducaftel & confors , Jacques Mignot
& confors , marchands Boulangers forains pour la provifion de
Paris, demeurans au fauxbourg
S. Antoine , Michel Ferret &
confors , Jean Ribrette & confors , marchands Boulangers forains pour la provifion de Paris ,
demeurans au village de Gonneffe , Nicolas Felix & confors , Nicolas de Tavigny & confors, la
veuve Pierre de Tavigny & confors, Claude Hennequin & confors, Michel Meunier & confors,
Nicolas-Louis Dupuis & confors , tous marchands Boulangers
forains pour la provifion de Pa-

ris , demeurans aux villages de
Bonneuil, Tillet, Duigny , Chaillot , le Roulle & Gouffainville ,
& aux Jurés , Syndic & Communauté de maîtres Boulangers
de Paris , de leurs déclarations
refpectives , portées par leurs requêtes des 21 Novembre 1759 ,
31 Janvier , 12 Avril , 14 Août
1758 , & 22 Mai 1759 : fçavoir,
de la part des Boulangers forains
du fauxbourg Saint Antoine ,
Gonneffe , Bonneuil & autres
lieux , qu'ils n'entendent point
vend e & débiter aucune forte
de pain dans Paris qu'aux jours
de marchés , & aucune forte de
pains mollets avec lait & fel , mais
feulement des pains de pâte ferme & de pâte douce , au moins
du poids de trois livres , comme
auffi de mettre au rabais à leur
place des marchés le pain qu'ils
n'auront pas vendu à fix heures

en Hiver , & à sept heures en
Eté, vendre tout ce qu'ils auront
apporté , & de n'en point rem-
porter ; & de la part des maîtres
Boulangers de Paris , qu'ils con-
sentent que les Boulangers forains , tant du fauxbourg Saint
Antoine que de Gonnesse , Bonneuil & autres lieux soient reçus
opposans à l'article XXX des
Statuts par eux obtenus, revêtus
de lettres - patentes du mois de
mai 1746 , & à l'arrêt de notredite Cour du 6 Septembre 1757,
portant enregistrement desdits
Statuts & lettres-patentes , en ce
que par ledit article il est dit que
les Boulangers de Gonnesse &
autres forains ne pourront porter
le pain qu'ils apportent à Paris les
mercredis & samedis de chaque
semaine , jours ordinaires de marchés , dans aucunes maisons de la
ville & fauxbourg de Paris, sous

le nom de pratiques , à peine de confifcation & de cent livres d'amende , avec injonction aux Jurés en charge de veiller à l'éxécution de cet article , comme aufii qu'ils n'ont jamais fait de faifies & n'en font point qu'ils ne foient affiftés de Commiffaire au Châtelet , & qu'ils n'ont jamais prétendu exercer aucun droit de fupériorité dans les places publiques & marchés de Paris , en conféquence reçoit lefdits Pierre Ducaftel & confors , Ja ques Mignot & confors , Michel Ferret & confors , Jean Ribrette & confors , Nicolas Felix & confors , Michel Hennequin & confors , Nicolas Deftuvigny & confors , la veuve Pierre Deftuvigny & confors , Nicolas Louis & confors , oppofans aux articles XXX , XXXII , XXXIV , & en outre lefdits Michel Ferret & confors à l'article

XLIII des nouveaux Statuts de
la Communauté des maîtres Boulangers de Paris , dont eſt queſ-
tion , enſemble à l'exécution de
l'arrêt de notredite Cour du 6
Septembre 1757 , portant enre-
giſtrement deſdits nouveaux Statuts aux chefs par leſquels il eſt
dit , ſçavoir par l'article XXX,
que les Boulangers de Gonneſſe
& autres forains ne pourront pas
porter leur pain dans aucunes maiſons de la ville & fauxbourgs de
Paris ſous le nom de pratiques ,
à peine de confiſcation , cent livres d'amende & avec injonction
aux Jurés en charge de veiller à
l'éxécution dudit article ; par l'article trente-deux , en ce qu'il y
eſt dit qu'ils pourront ſeulement
laiſſer leur pain en vente juſqu'à
trois ou quatre heures de réle-
vée , à peine de confiſcation &
cinquante livres d'amende ; en

ce que par l'article trente-quatre
qui porte qu'ils ne pourront ap-
porter ou vendre des pains mollets fous les mêmes peines, il en
pourroit réfulter des défenfes d'ap-
porter ou vendre des pains de pâte
douce, c'eft-à-dire pâte moins
ferme que les autres, dans lefquels
il n'entre ni lait ni fel, ou autre
mêlange ; en ce que par l'article
XLIII, qui permet aux Cabaretiers, Taverniers, Hôteliers &
vendans vin, d'acheter le pain
des Boulangers Forains pour leur
famille & domeftiques feulement,
il eft dit qu'il fera marqué du nom
du Boulanger forain qui l'aura
vendu ; faifant droit fur lefdites
oppofitions , ordonne que tous
lefdits Boulangers forains du
Fauxbourg Saint Antoine feront
maintenus & gardés dans la poffeffion de porter, faire porter ou
envoyer leur pain par leurs por-

teurs ou porteuſes ordinaires, en
la maniere accoutumée, dans les
maiſons ou demeures de toutes
leurs pratiques, de quelqu'état ou
condition qu'ils ſoient, ſans pou-
voir être aſtraints de les porter
eux - mêmes, ou les faire porter
par leurs femmes, enfans, gar-
çons, ſerviteurs ou domeſtiques,
dès qu'il aura été expoſé au mar-
ché; ſecondement, dans la poſſeſſion de vendre & débiter du
pain de pâté ferme, pâte douce
du poids de trois livres & au-
deſſus, dans lequel néanmoins il
ne pourra entrer ni ſel, ni lait,
ni beurre ou autre mélange, mais
compoſé ſeulement de farine &
d'eau; troiſiémement, dans la
poſſeſſion de reſter dans les places
des marchés qu'ils occupent les
jours ordinaires des marchés, pour
débiter leur pain, ordonne néanmoins qu'ils feront tenus de met-

tre tout le pain qu'ils n'auront pas
vendu au rabais, fçavoir à l'heure
de fix heures de relevée en Hiver,
& à fept heures de relevée en Eté,
comme auffi leur permet de refter
dans les marchés jufqu'à huit heures de relevée en Hiver, & neuf
heures de relevée en Eté , pour
y vendre au rabais le reftant du
pain qu'ils y auront apporté, fans
que fous quelque caufe & prétex-
te que ce foit, aucuns defdits
Boulangers forains ou du fauxbourg faint Antoine puiffent ref-
ferrer dans aucunes maifons, ni
emporter chez eux le pain qu'ils
n'auront pas vendu les jours de
marchés , leur fait défenfes de
le regrater ou faire regrater par
quelques perfonnes que ce foit,
fous telle peine qu'il appartien-
dra ; fait pareillement défenfes
aux Cabaretiers , Taverniers ,
Hôteliers & yendans vin, de

vendre du pain defdits Boulan⹁
gers forains & du fauxbourg faint
Antoine, leur permet d'en ache⹁
ter feulement pour léur famille
& domeſtiques . fans qu'il ſoit né⹁
ceffaire que ledit pain ſoit mar⹁
qué ; fait défenſes aux maîtres
Boulangers de Paris de troubler
les Boulangers forains & ceux
du fauxbourg faint Antoine dans
tout ce qui eſt ordonné par le pré⹁
ſent arrêt , comme auffi maintient
lefdits maîtres Boulangers de Pa⹁
ris dans le droit & poffeffion de
vifiter en la maniere accoutumée
tout le pain qui ſe vend & débite
dans toute l'étendue de Paris , &
dans les places & marchés occu⹁
pés par lefdits Boulangers fo⹁
rains , à l'effet de reconnoître fi
lefdits Forains ou autres ſe con⹁
forment aux ſtatuts , arrêts & ré⹁
glemens de notredite Cour , per⹁
met auffi aux Jurés de la Com⹁

munauté des Boulangers de Paris, de faifir, dans le cas d'entreprife fur leur profeffion ou autres contraventions, à la charge néanmoins par eux, fuivant leurs offres de ne faire aucunes faifies en ce qui regarde l'intérêt de leur Communauté, fans l'affiftance d'un Commiffaire qui en dreffera procès verbal, ordonne que le préfent arrêt fera imprimé & affiché jufqu'à concurrence de cent exemplaires feulement aux frais & dépens des Jurés de la Communauté des Boulangers de Paris, par-tout où befoin fera, fur le furplus des autres demandes, fins & conclufions, met les parties hors de Cour; tous dépens compenfés, fors les vacations, épices & couft du préfent arrêt, qui feront payés par les Jurés de la Communauté des Boulangers de Paris. Si mandons mettre le préfent arrêt à exécution felon fa forme & teneur. Donné en Parlement le dix Juillet l'an de grace mil fept cent foixante, & de notre règne le quarante-cinquième. Collationné P A N E T. Par la Chambre, figné DUFRANC.

De l'imprimerie de MOREAU, 1760.

www.ingramcontent.com/pod-product-compliance
Lightning Source LLC
Chambersburg PA
CBHW070207200326
41520CB00018B/5537